HEYNE
BÜCHER

Das Buch

Auf der Jagd nach Macht und Erfolg, Konsum und Wohlstand vergessen wir nur allzuoft, daß sich das Glück weder kaufen noch durch ausgeklügelte Strategien unseres Verstandes einfangen läßt. Dagegen bieten Ken Keyes' so einfache wie poetisch eindringliche ›Rezepte zum Glück‹ praktische Lebenshilfe für alle Menschen in jeder Lebenslage: Wer sich selbst liebt und akzeptiert, wer auf seine innere Stimme zu hören vermag, hat den Weg zum Glück bereits eingeschlagen. Wer imstande ist, im Jetzt zu leben, anstatt ständig mit der Vergangenheit zu hadern oder die Zukunft zu planen, dessen Seele öffnet sich wie eine Wolkendecke, durch die ein Sonnenstrahl dringt. Denn die Welt ist nur ein Spiegel unserer selbst, und das Glück, dem wir verblendet in der Außenwelt nachjagen, ruht auf dem Grund unserer Seele wie ein ungehobener Schatz.

Der Autor

Ken Keyes verließ im Jahr 1970 sein Heim und gab seinen Beruf auf, um sich dem Kampf für den Frieden zu widmen. Er schrieb zahlreiche Bücher, darunter ›Das Leben genießen, trotz allem‹ und ›Der 100. Affe. Ein Plädoyer gegen den Atomwahn‹. 1982 gründete er sein eigenes ›College‹ in Oregon, das Seminare zum Thema ›Weltfrieden‹ anbietet.

KEN KEYES

Rezepte zum Glück

Einsichten und Weisheiten

Aus dem Englischen von Peter Hübner

WILHELM HEYNE VERLAG
MÜNCHEN

HEYNE ALLGEMEINE REIHE
Nr. 01/9618

Titel der Originalausgabe
PRESCRIPTIONS FOR HAPPINESS
Erschienen bei Living Love Publications,
St. Mary, Kentucky

Wilhelm Heyne Verlag GmbH & Co. KG, München
Printed in Germany 1995
Umschlagillustration: Claus Knézy, Zürich
Innenillustrationen: Yvonne Rothmayr, Zürich
Umschlaggestaltung: Atelier Ingrid Schütz, München
Satz: Schaber Satz- und Datentechnik, Wels
Druck und Bindung: Ebner Ulm

ISBN 3-453-08939-1

Ich nehme an, du weißt es bereits:

Du hast dich selbst bemogelt.

Du hast dir selbst fast alles vorenthalten,
das sich wirklich im Leben zu haben lohnt:

ENERGIE
EINSICHT
WAHRNEHMUNG
LIEBE
SEELENFRIEDEN
FREUDE
WEISHEIT –

UND DAS TIEFE GEFÜHL
EINES SINNVOLLEN LEBENS.

Falls es ein Trost ist:
Fast jeder Mensch, den du kennst,
ist wahrscheinlich auch dabei,
sein Leben zu vertun.

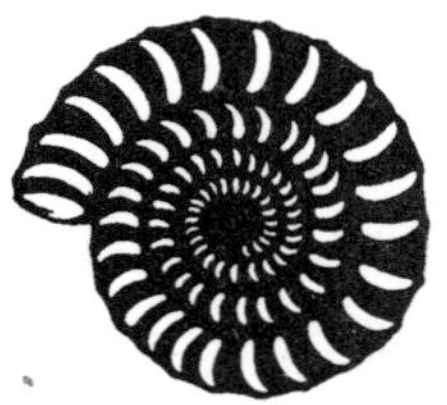

Diese düstere Aufstellung
von Unglücklichkeitsfaktoren
mußt du nicht weiter vervollständigen:

ein Leben mit wenig Wärme und Liebe;
Geldsorgen;
dich selbst an deine Arbeit treiben;
eine Ehe ohne Begeisterung;
Trennung vom Partner, Spannung;
sexuelle Ruhelosigkeit;
Langeweile, Einsamkeit;
Ressentiments, Haß,
Frustration, Wut, Sorgen;
Eifersucht, Gereiztheit;
Kopfschmerzen, Magengeschwüre
und überhöhter Blutdruck;
dazu ein allgemeines Gefühl
des Unwohlseins und Unbehagens
in bezug auf alles,
von deinem Konto bis hin
zur Atombombe.

Warum
dich selbst
weiter bestrafen?

Bisher hast du andere
oder dich selbst
für alles verantwortlich gemacht.

Aber ein Teil von dir weiß,
daß es nur einige
ungeschickte Verhaltensgewohnheiten
deines Verstandes sind,
die dich immer wieder verleiten,
unglückliche Zustände
zu schaffen.

Betrachte einmal genau,
was du dir selbst antust.

Ist es dir möglich,
in dieser verdrehten Welt
ein freudiges,
glückliches Leben
in Seelenfrieden
zu führen?

Ja Ja Ja Ja Ja Ja Ja Ja Ja Ja Ja Ja
Ja Ja Ja Ja Ja Ja Ja Ja Ja Ja Ja Ja
Ja Ja Ja Ja Ja Ja Ja Ja Ja Ja Ja Ja
Ja Ja Ja Ja Ja Ja Ja Ja Ja Ja Ja Ja
Ja Ja Ja Ja Ja Ja Ja Ja Ja Ja Ja Ja

Wenn –

Dies ist das große WENN.

Bist du bereit?

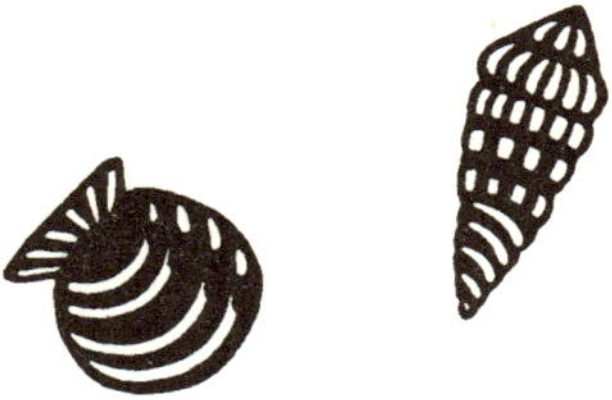

Du kannst glücklich sein,

WENN

du die drei Rezepte anwendest,
die in diesem Buch erläutert werden.

Diese drei Rezepte
funktionieren wirklich.

Sie funktionieren sogar,
wenn du nicht an sie glaubst.

Vielleicht hältst du es
für völlig unmöglich,
daß sie auch nur in einer
deiner Lebenssituationen
funktionieren könnten.

Wenn du aber
diese drei Rezepte
einfach annimmst
und sie anwendest,
werden sie dir
jedesmal
nützlich sein!

Sie zu verstehen
ist einfach.

Sie können viel bewirken –
wenn du bereit bist,
dich zu engagieren.

Es gibt jedoch etwas,
das sich dir in den Weg stellen wird,
wenn du sie in einzelnen
Lebenssituationen anwenden willst –

und zwar dann,
wenn du sie am meisten brauchst.

Dieses »Etwas« bist du.

Eigentlich
bist
du
es
nicht
wirklich ...

Es sind lediglich
deine geistigen Gewohnheiten
und deine selbstgewählten Vorstellungen
von dem, was wirklich ist,
die dich davon abhalten,
die Bestandteile deines Lebens
harmonischer miteinander zu vereinen.

Es sind Stolz und Prestigedenken,
die sich dir in den Weg stellen.

Manchmal würde dein Gehirn lieber
recht behalten, als dich glücklich
sein zu lassen.

Aber mit etwas Übung
kannst du lernen,
mit diesen Beeinträchtigungen
umzugehen.

Ich weiß, daß du eigentlich
ein glückliches Leben führen willst.

Jeder von uns will das.

Also laß uns damit anfangen!

Hier ist das erste
der drei Rezepte zum Glück:

KEN KEYES
FACHARZT FÜR GLÜCKLICHSEIN

FRAGE NACH DEM,
WAS DU HABEN WILLST,
ABER –
VERLANGE ES NICHT.

Deine Chancen,
das zu bekommen,
was du haben möchtest,
sind größer,
wenn du danach fragst,
als wenn du es nicht tust.

Das ist leicht einzusehen.

Warum unterläßt du so oft
die Frage nach dem,
was du haben möchtest?

Manchmal fürchtest du,
Leute zu verärgern,
wenn du es tätest.

Manchmal zögerst du,
dich zu behaupten.

Vielleicht erwartest du,
daß man deine Gedanken liest.

Oder vielleicht übst du
für dein eigenes Märtyrertum.

Es ist sehr leicht –
lerne einfach,
nach dem zu fragen,
was du haben möchtest.

Du mußt dabei weder
um den heißen Brei schleichen –
noch dich übertrieben nett gebärden.

Du brauchst nicht zu schreien
oder zu toben.

Du brauchst keine Umwege
in deinem Gehirn zu gehen,
um bei deinen Mitmenschen
ein schlechtes Gewissen zu erzeugen,
wenn sie nicht tun,
was du möchtest.

Du brauchst dich nicht zu verriegeln.

Du brauchst dich nicht in eines der
ohrenbetäubenden Stillschweigen
zurückzuziehen, die zwischen-
menschliche Beziehungen
einfrieren.

Frage einfach
nach dem, was du haben möchtest.

Ohne täuschende Spiele zu inszenieren.

Ohne alles mit trennenden Emotionen
oder angedeuteten Drohungen zu belasten.
Ohne einen schweren Unterton
in die Stimme zu legen.

Frage einfach,
aber bestimmt und ausdrücklich
nach dem,
was du haben möchtest!

Übe das Fragen
nach dem, was du möchtest,
indem du bemerkst,
wie einfach und direkt
du nach Dingen fragen kannst,
wie

»Bitte reich mir das Salz«
oder
»Schließ bitte die Tür, wenn du gehst«.

Du merkst,
daß du es begriffen hast,
wenn du nach ALLEM
fragen kannst,
mit derselben Stimmlage
und derselben Entkrampftheit,
wie wenn du nach dem Salz fragst
oder jemanden bittest,
die Tür zu schließen.

Du wirst üben müssen –
sogar sehr viel!

Du wirst es nicht immer leicht finden, nach
Geld
Liebe
Sex
oder keinem Sex
oder Beistand verschiedener Art
in einer einfachen,
aber genauen,
nicht aufgeblasenen Weise
zu fragen.

Einfach vorgehen,
direkt und genau,
ohne Überdruck nach dem zu fragen,
was du haben möchtest,
ist ein Geschick,
das du entwickeln mußt,
wenn du glücklicher leben willst
als bisher.

Betrachten wir
den zweiten Teil des Rezeptes:
»..., aber verlange es nicht.«

Eine verlangende Haltung entstammt
einem verlangenden Geisteszustand.

Betrachte deine trennenden Gefühle,
deine Einstellungen und geistigen Positionen.

Und dann betrachte, wie du
deine Forderungen anbringst:
indem du »armes Ich« spielst
oder »Du hast mir weh getan«
oder auch:
»Wenn du mich wirklich lieben würdest, ...«
und so weiter und so fort.

Dies wird dir viel Übung abverlangen,
denn wir alle haben es uns angewöhnt,
so viele Dinge zu fordern.

Denk daran:
Du kannst deine Forderungen
in einem kraftvollen Ton stellen
oder leise mit geschürzten Lippen.

Deine Ausstrahlung zählt!

Warum verlangst du
automatisch so viel?

Du hast Angst, daß die Menschen
dich nicht richtig behandeln werden,
wenn du dich nicht fordernd verhältst.

Du hast Angst,
daß sie dich überfahren werden.

Also gestaltest du dich sehr stachlig.

Du bist sicher, daß du recht hast,
und du willst dein Recht,
auch wenn du dich unglücklich machst,
indem du darauf bestehst!

Du glaubst,
wenn du längere Zeit
mit jemandem verbringst,
wäre es am besten,
die Person in die Form zu bringen,
die deinen Schablonen entspricht.

Aber machst du dich
mit deinem andauernden Fordern
glücklich?

Bekommst du durch dein Fordern
und Verlangen wirklich das,
was du im Leben
am meisten haben willst?

Bist du wirklich bereit
zu sehen,
wie du suchtartig so viele Dinge
von dir, von anderen
und der Welt
forderst?

Wenn du
die Ergebnisse deines Forderns
aus jüngster Zeit genau betrachtest,
wirst du, glaube ich, zum Schluß kommen,
daß du zwar recht hast, die Ergebnisse
deiner Forderungen aber nicht sehr gut sind.

Mit anderen Worten:
Die meisten deiner Forderungen
tragen nichts zu deinem Glück bei.

Du verlierst mehr Glück,
als du gewinnst.

Du wirst vielleicht entdecken:
Vieles von dem,
was du erhältst,
kommt nicht zu dir,
weil du es verlangt hast.

Warum kommt es?

Es kommt,
weil es kommt.

Du bist ein Teil
des Ganzen.

Du hast ein Recht,
hier zu sein.

Manchmal bekommst du
das, was du willst,
indem du forderst.

Aber das ist, als ob du
eine Mark verlierst
und einen Groschen gewinnst!

Wenn du forderst,
ob sanft oder laut,
anstatt zu sagen:
»Ich hätte lieber ...«,
verlierst du:
Einsicht,
Humor,
Freude,
ein Gefühl der Liebe
– zu dir und zu anderen –
und deinen Seelenfrieden.

Du hast dich selbst betrogen.

Du verdienst es nie,
von dir selbst betrogen zu werden.

Wie kannst du aufhören zu fordern?

Es wird bedeuten,
daß du die feste Umklammerung lösen
mußt,
DIE DU IN DIR SPÜRST.

Es wird bedeuten,
den Tonfall deiner Stimme
etwas sanfter zu halten.

Es wird bedeuten,
auf die versteinerte Haltung
zu verzichten, die du annimmst,
wenn du nach etwas fragst.

Es wird bedeuten,
daß du aufhören mußt,
so grimmig auszusehen
und dieses alltägliche Melodrama,
das wir Leben nennen,
mit solch ernsten Gefühlen zu betrachten.

Anfangs wirst du es wahrscheinlich
erschreckend finden.
Aber mit etwas Übung wird es
sehr entspannend sein,
wenn du lernst, nach dem zu fragen,
was du möchtest, ohne zu fordern.

Es wird bedeuten,
diesen problemübertreibenden Ton
aus deinen Anfragen zu entfernen;
zusammen mit sämtlichen besorgten
und drohenden Untertönen.

Es wird bedeuten,
manchmal mit einem Lächeln
und einem spaßigen Gefühl
nach etwas zu fragen,
zu zeigen,
daß du das Leben so auffaßt,
wie es ist –
ein kosmischer Witz.

Nicht fordern heißt,
daß du lernst,
mit Leichtigkeit
– sogar mit Humor –
nach Dingen zu fragen.

Es ist, als
machtest du ein Spiel daraus,
zu bekommen, was du möchtest,
aber mit dem Wissen,
daß man mal gewinnt
und mal verliert.

Und es ist völlig IN ORDNUNG
zu verlieren.

Du kannst ein fairer Sportler
im Spiel des Lebens sein.

Nach dem zu fragen, was du möchtest,
ohne zu fordern, heißt, daß du aufhörst,
deine Wünsche nur anzudeuten.

Es heißt, daß du die Dinge nicht so verschlüsselt
darstellst, daß Menschen herumrätseln müssen,
um zu entdecken, was du willst.

Es heißt auch, daß du aufhörst,
schwermütig einherzugehen in der Hoffnung,
daß dich jemand fragt, was dir fehlt.

Es heißt, daß du nicht mehr
dich selbst erniedrigst,
indem du im voraus entscheidest,
daß die Menschen dir nicht geben wollen,
was du haben möchtest, oder daß
du es sowieso nicht verdient hast.

Es heißt, daß du lernst,
HEUTE noch einmal dein Anliegen
vorzubringen, obwohl du das bereits gestern
vergeblich getan hast.

Jeder Tag ist
ein neuer Tag.

Du läßt nicht zu,
daß Erinnerungen
an Vergangenes
als Überbleibsel
den wunderschönen Tag verderben,
DEN DU HEUTE SCHAFFEN KANNST.

Jetzt erkennst du langsam den Dreh
von Rezept Nr. 1.

»Frage nach dem, was du möchtest,
aber verlange es nicht.«

Das ist das erste
der drei Rezepte
zum Glück.

Hier ist das zweite Rezept
zum Glück:

KEN KEYES
FACHARZT FÜR GLÜCKLICHSEIN

AKZEPTIERE,
WAS AUCH IMMER
GESCHIEHT –
FÜR JETZT.

Dieses zweite Rezept
könnte in der Anwendung
das schwierigste sein.

»Akzeptiere, was auch immer geschieht –
für jetzt«
kann bedeuten,
daß du lernen mußt,
das Unannehmbare anzunehmen.

Du mußt vielleicht
das Unverzeihliche verzeihen.

Du mußt vielleicht
das Unliebenswürdige lieben.

Du wirst lernen müssen,
deinen Finger vom Alarmknopf
in deinem Gehirn zu nehmen,
der dich innerlich immer so gespannt hält.

Glaubst du wirklich,
deine Existenz werde von dem
nutzlosen Zeug bedroht,
an dem du so hängst
oder vor dem du flüchtest?

Es bedeutet,
daß du deinem Verstand
klarmachen mußt,
daß das, was wie
eine Katastrophe aussieht
– einfach keine ist!

Viele andere Menschen
akzeptieren emotionell
all das, womit du
dich unglücklich machst.

Wenn sie
das »Unannehmbare«
annehmen können,
kannst du es
vielleicht auch.

Kannst du einsehen,
daß dein Kämpfen
und dein Fordern
dich unglücklich machen? –

Nicht das Ziel
deines Kampfes.

Es ist deine
auf Emotionen basierende
Forderung, nicht die
tatsächliche Lebenssituation,
die dich Unglücklichsein
erfahren läßt!

Mach eine Liste
von all den Dingen,
die du im vergangenen Jahr
nicht ausstehen konntest –
und in dem Jahr davor.

Du hast jetzt gelernt,
einige davon
emotionell zu akzeptieren.

Das nennt man Wachsen.

Du bist einfach
zu wunderbar,
um dich selbst
daran zu hindern,
weiter zu wachsen.

Die meisten Probleme
in deinem Leben
können nicht mehr
wirksam mit primitiven
Kampf- oder Fluchtreaktionen
gehandhabt werden.

Meistens verhinderst du,
daß du das Beste von Menschen und
Situationen um dich herum erhältst,
indem du mit Volldampf vorangehst
oder es deinen Ängsten gestattest,
dich weglaufen zu lassen.

Um die befriedigendsten Ergebnisse
zu entwickeln, benötigen die meisten
deiner Probleme größere Einsicht
und praktische, wechselwirkende
Arbeit mit der Situation
über einen gewissen Zeitraum hinweg.

Versuche dir bewußtzumachen,
daß es immer deine
auf Emotionen basierenden
Forderungen sind,
die zur tatsächlichen
Ursache deines eigenen
Unglücklichseins werden.

Die Kunst des Glücklichseins
liegt darin, zu lernen,
mit der Besetzung, die du
in dein Leben eingeführt hast,
zu bestehen, zu arbeiten
und Spaß zu haben.

Dich zurückzuziehen ist keine Lösung.

Wie eine Lokomotive in Fahrt aufzutreten
bringt es aber auch nicht.

Lebenssituationen emotionell zu akzeptieren
und geduldig an ihnen zu arbeiten
wird dir das meiste verschaffen,
was zu erhalten ist!

Erinnere dich daran,
daß viel menschliches Leiden
vom Gehirn verursacht wird,
das sich Geschehnissen widersetzt.

Du brauchst auf NICHTS
durch Widerstand
zu reagieren.

Du kannst lernen,
dir selbst zu verzeihen -
sowie auch anderen.

Annehmen
kann bedeuten,
daß du einmal das betrachtest,
was du hast – und aufhörst,
dich so stark auf das
zu konzentrieren,
was du nicht hast.

Du wirfst dich
andauernd
aus dem Erleben
des Zufriedenseins,
weil dein Gehirn
konsequent
mit dem beschäftigt ist,
was du nicht hast.

Du läßt dich
nicht genießen,
was du
hier und jetzt
in deinem Leben hast.

Was du dir
immer wieder antust,
ist absurd.

Du hast so viel –
und betrachtest es
als selbstverständlich.

Du machst dein Glücklichsein
dauernd abhängig von dem,
was du nicht hast, oder
von etwas, was du
loswerden möchtest!

Hast du
genügend Luft zum Atmen,
genügend Nahrung und Wasser
und einigen Schutz vor den Elementen?

Alles andere,
was du emotionell forderst und
worüber du dein Glücklichsein verlierst,
ist ein neurotisches Spiel,
das dein Gehirn
mit dir treibt.

Wie lange
wirst du zulassen,
daß dein Gehirn
dein Glück zerstört?

Wann immer
du deinem Gehirn
freien Lauf läßt,
um dem nachzuhetzen,
was du nicht hast,
läßt du
das Erleben des
Unglücklichseins zu.

Wann immer du
dein Gehirn dahin dirigierst,
daß es die schönen Dinge,
die du hast,
wahrnimmt und schätzt,
gibt es keine Grenzen des Glücks,
das du erfahren wirst.

Du hast die Wahl,
wie du dein Gehirn –
und dein Leben –
leiten willst.

Akzeptiere, was auch immer geschieht –
für jetzt.

Das heißt nicht,
daß du das, was geschieht, mögen mußt.

Es heißt nicht,
daß du aufhören sollst, Dinge zu verändern.

Es heißt auch nicht,
daß du denken sollst, was gerade geschieht,
sei richtig.

»Akzeptiere, was auch immer geschieht –
für jetzt«
kann aber heißen:

Du wirst aufhören,
dich selbst so ängstlich,
so wütend, so nachtragend,
so bekümmert und so unglücklich
zu machen.

Du wirst dir weiterhin oft wünschen,
die Dinge wären anders,
aber du wirst es nicht mehr
suchtmäßig verlangen!

Du wirst dein inneres
emotionelles Erfahren verändern.

Nehmen wir einmal an,
du bist auf jemanden wütend.

Hältst du an deinem Ärger fest,
weil du glaubst, sobald du aufhörtest,
wütend zu sein, würdest du
der betreffenden Person
recht geben?

Vielleicht brauchst du mehr
Übung darin, sanft an dem festzuhalten,
was du für richtig hältst, ohne
Ärger in dir aufkommen zu lassen.

Pflegst du Irritationen und Groll,
weil es dir peinlich ist,
sie loszulassen?

Sieh doch die Verklemmungen
und Spannungen,
die du in deinem Körper
und deinem Gehirn hervorrufst.

Entspanne –
um deiner selbst willen.

Du kannst
deine Perspektiven vergrößern.

Du kannst
deinen Negativismus loslassen
und deinen Ich-gegen-dich-Widerstand,
auch wenn du recht hast.

Muß Verärgerung
eine unvermeidliche Konsequenz
des Rechthabens sein?

Wenn du recht hast,
kannst du gelassen bleiben,
anstatt deinen Seelenfrieden
zu verlieren.

Ein geschickt
gehandhabtes Gehirn
kann in einer gegebenen Situation
recht haben und gleichzeitig
ein gutes Gefühl beibehalten,
auch wenn andere
nicht mit ihm übereinstimmen.

Um glücklich zu sein
und dich gut zu fühlen,
kannst du es dir nicht länger leisten,
deinem Gehirn einen Freibrief
für Nörgelei und
herablassendes Aburteilen
unter der Maske der Höflichkeit
auszustellen.

Verzichte darauf,
andere davon zu überzeugen,
daß du recht hast,
und genehmige dir Glücklichsein!

Dieses Akzeptieren
oder Loslassen
ist ein sensibles
inneres Aufgeben –
nicht ein von außen
erzwungenes.

INNERES AUFGEBEN
basiert nicht
auf dem Gefühl,
besiegt worden zu sein.

Es entstammt
DEINER
EIGENEN
INTELLIGENTEN
WAHL.

Es basiert auf EINSICHT,
nicht auf Angst oder Resignation.

Es ist eine weise Entscheidung (sogar
eine rein selbstdienliche Entscheidung!),
die du für dich triffst,
um mehr Glück im Leben
zu erfahren.

Es ist eine Fertigkeit,
die du üben mußt.

Sie fällt dem
menschlichen Gehirn
nicht gerade leicht.

Dieses Loslassen,
diese innere Distanz,
das Nicht-Verlangen,
von dem wir sprechen,
UNTERSCHEIDET SICH GÄNZLICH
von verloren haben,
sich unterwerfen müssen,
verminderter Wirksamkeit,
einem Verlust an Stärke
oder einem Verlust
an Eigenständigkeit.

Wenn du besiegt wirst,
gibst du deine inneren Forderungen
nicht wirklich auf.

Du gibst lediglich den Knochen frei,
um den du gerade gekämpft hast.

Innerlich martert dich
noch immer das Verlangen,
das dein Bewußtsein beherrscht –
du verlangst noch immer nach dem Knochen.

Wir sprechen über
DEIN LOSSAGEN
VON INNEREM VERLANGEN
nach dem, was die Welt
nicht bereit ist,
dir hier und
in diesem Augenblick
zu geben.

Das weise Loslassen
bewahrt deine Energie,
klärt deinen Kopf,
ermöglicht dir
präzisere Einblicke,
befähigt dich,
den Hier-und-jetzt-Moment
in deinem Leben zu genießen,
und hilft dir,
deine Liebe zu dir selbst
und allen anderen Menschen
zu verstärken.

Und wenn du lernst,
alles emotionell zu akzeptieren,
wirst du die
DREI KONFLIKTE lösen,
die dich daran hindern,
das Beste aus deinem Leben zu machen.

Du wirst deine Psyche vereinen,
die oft in sich selbst geteilt ist
(dein Verstand gegen deinen Verstand),
die unterdrückt, aburteilt,
dich depressiv macht
und unangenehme Gefühle aufkommen läßt.

Du wirst die
Körper-gegen-Verstand-Spaltung
heilen, die deine Lebendigkeit zerstört,
indem sie deinen Körper
und seine Nebenprodukte
oder seine Bedürfnisse
ablehnt oder ignoriert
und dich halb tot fühlen läßt.

Du wirst den Ich-gegen-andere-Kampf
nicht länger fortsetzen,
der dich den Menschen entfremdet
und deine Lebensfreude zerstört.

Dieses sanfte Loslassen
der Forderungen
und Gewohnheiten
deines Verstandes
stellt die höchste Ebene
echter Stärke
und Charakterfestigkeit
eines Menschen dar.

Nun wollen wir
die beiden letzten Worte
des zweiten Rezeptes
näher betrachten.

Was meinen wir mit
»– für jetzt«?

»Für jetzt« heißt »für jetzt«.

ALLES IM LEBEN VERÄNDERT SICH.

Du wirst dich wundern,
wie oft sich die Dinge verändern
und dir geben, was
du haben wolltest –
ohne daß du sie manipulieren
oder zwingen mußt –,
wenn du die drei
Rezepte zum Glück
anwendest.

»Für jetzt«
hilft deinem Gehirn,
dich auf das
Hier und Jetzt
einzustellen.

Letztlich
ist dieses Hier und Jetzt
das einzige,
was du je hast.

Du hast nur den
»Jetzt-Augenblick«.

»Gestern« sammelt schon
Staub in den Akten
deines Gehirns.

Und »morgen«
ist nicht mehr als ein Gedanke.

Es wird nie
ein »Morgen« geben.

Wenn »morgen« eintrifft,
wird es immer »jetzt« sein.

Deshalb
ist der
Jetzt-Augenblick
ewig!

Gib dein
Jetzt-Glück nicht auf,
weil du glaubst,
alles würde besser –
morgen.

Das wurde es noch nie –
und das wird es auch nicht.

»Jetzt« ist aktuell!
Es ist das einzige,
was du hast –
jemals.

Verschobenes Glück
kann verlorenes Glück sein.*

* Leider!

Also hör auf,
dich aufzuregen,
weil das Leben
so ist, wie es ist.

Im genauen Hier-und-Jetzt-Augenblick
kannst du nichts tun,
um irgend etwas zu verändern.

Vielleicht kannst du es
in der nächsten Sekunde
oder in einem Monat.

Es ist ja auch völlig in Ordnung,
die Dinge so zu gestalten,
daß sie das werden, was du haben willst.

ABER MACH DICH
IN DER ZWISCHENZEIT
NICHT UNGLÜCKLICH.

Warum nicht fürsorglich
mit dir selbst umgehen –
»für jetzt«?

Entspanne dein zu aktives Gehirn.

Unsere Gehirne
sind andauernd beschäftigt –
mit dem Bereuen
der gestorbenen Vergangenheit
oder indem sie Kummer
um eine erdachte Zukunft
produzieren.

DAS JETZT
GEHT ANDAUERND VERLOREN!

Genieße, was jetzt ist –
auch wenn es teilweise nicht
so ist, wie du es gerne hättest.

Du hast dich bisher geweigert
zu sehen, daß dein Leben
nie deinen geistigen Modellen
von Vollkommenheit
entsprechen wird.

Es war immer unvollkommen.

Es wird immer unvollkommen sein.

So ist das Leben.

Wenn du glücklich sein
willst, wirst du lernen,
mit dem Leben zu leben,
es so zu akzeptieren,
wie es ist -
manchmal wird es
deinen Erwartungen entsprechen
und manchmal nicht.

Das Leben ist manchmal miserabel.

ABER DESHALB
MUSST DU DICH NICHT
MISERABEL FÜHLEN.

Wenn sich dein Verstand umsähe,
würde er entdecken, daß es
immer genug gibt,
um glücklich zu sein!

Wenn du es nur
GERNE HÄTTEST,
daß die Dinge anders wären,
könntest du dein Leben genießen.

Dann könntest du
Energie in das Verändern
von Dingen stecken,
die du wirklich nicht magst.

Aber hör auf zu verlangen,
daß sie anders sein sollten,
als sie jetzt sind,
auch wenn du
damit recht hast!

Mit anderen Worten:
Der glückliche Mensch
lernt, mit den alltäglichen
Unvollkommenheiten
seines Lebens auszukommen.

Wenn dein Bewußtsein zunimmt,
wirst du entdecken,
daß alles vollkommen ist,
entweder für dein Wachstum
oder zu deiner Freude!

Manchmal
wirst du nicht so schnell
wachsen wollen!

Manchmal
kann dir das Vergangene
für dein derzeitiges Wachstum
nützlich sein.

Schau noch einmal zurück
auf das, was in deinem Leben
im vergangenen Jahr geschehen ist...

Hat deine gesamte Spannung,
haben deine ganze Angst, dein Ärger,
deine Eifersucht, dein Kummer,
dein Nachtragen –
haben Leiden, Irritation und Schmerz
etwas dazu beigetragen,
deine Probleme zu lösen?

Laß in deinem Gehirn
einige »dramatische Akte«
aus dem andauernden Melodrama
deines Lebens vom vergangenen Jahr
noch einmal ablaufen.

Erkennst du,
wie du das zweite Rezept
»Akzeptiere, was auch immer geschieht –
für jetzt«
in all diesen Situationen hättest
gebrauchen können?
Du hättest dich nicht so sehr
aufregen und unglücklich machen müssen.

Denke immer
an den Sinn des zweiten Rezeptes:
Es soll dich dazu bringen,
sofort damit aufzuhören,
dich unglücklich zu machen –
immer wieder,
Tag für Tag.

Diese Rezepte zum Glück
zeigen dir, wie du
DEINE LEBENSERFAHRUNGEN
ändern kannst!

Wenn du dies tust,
kannst du
das Leben genießen,
auch wenn
die Umstände
von schlecht
auf schlimmer schalten.

Du kannst
die meiste Zeit glücklich sein,
indem du immer mehr
Geschicklichkeit entwickelst,
die drei Rezepte zum Glück anzuwenden.

Um dein Leben
den größten Teil der Zeit
zu genießen,
mußt du erkennen,
daß es nicht die Welt war,
die dir Schlimmes antat!

Du hast es dir selbst angetan!

Die Welt dreht sich weiter
und tut, was sie eben tut.

Aber nur du gestaltest
DEINE LEBENSERFAHRUNG.

Wir wollen
einiges zusammenfassen,
das dein Gehirn
vergessen könnte:

Du kannst emotionell akzeptieren,
was immer geschieht –
für jetzt. Und gleichzeitig
nicht mögen, was vorgeht.

Du kannst versuchen,
das zu verändern,
was überlegterweise
veränderbar erscheint,
ohne in deinem Leben
weitere Probleme hervorzurufen.

Emotionell akzeptieren,
was gerade geschieht,
bedeutet,
daß du nicht einmal
das Gefühl aufgeben mußt,
das Geschehende sei falsch!

Das einzige, was du aufgibst,
ist, daß du dich unglücklich machst!

Du kannst
freudige Erfahrungen
in deinem Leben schaffen –
auch wenn die Dinge
nicht so sind,
wie du sie gerne hättest.

Und das beginnt einzutreten,
wenn du lernst:
»Akzeptiere, was auch immer geschieht –
für jetzt.«

Solange du lebst,
wirst du einiges gewinnen
und einiges verlieren.

Dein Leben
wird manchmal vollkommen erscheinen
und manchmal unvollkommen.

Die Dinge gehen bergauf und bergab.

ABER DEINE ERFAHRUNG
DES LEBENS MUSS NICHT
BERGAUF UND BERGAB GEHEN!

Viel Glück.

Vergiß nicht:
Du hast die Herrschaft
über deinen Verstand,
wenn die Umstände
schwierig werden.

Jetzt bist du vorbereitet
für das dritte Rezept zum Glück:

KEN KEYES
FACHARZT FÜR GLÜCKLICHSEIN

VERGRÖSSERE DEINE LIEBE – AUCH WENN DU NICHT DAS BEKOMMST, WAS DU HABEN WILLST.

Ich wette, du glaubst,
das dritte Rezept zum Glück
schlage vor,
daß du deine Liebe stärkst,
um anderen Menschen gegenüber
nett zu sein.

Das ist falsch.

DU VERSTÄRKST DEINE LIEBE, UM ZU DIR SELBST NETT ZU SEIN!

Kannst du erkennen,
daß du dich abgesondert
und unglücklich
gemacht hast,
weil du deine Liebe -
zu dir und zu anderen -
ausgeschaltet gelassen hast?

Was meinen wir mit »Liebe«?

Nicht fürsorgliche Taten
oder eingewickelte Geschenke
mit einer Schleife drauf –
obwohl Liebe zu so etwas führen kann.

Liebe bedeutet,
daß du das Trennende
und die Grenzmarkierungen
niederreißt,
die zwischen dem Gefühl
in deinem Herzen und
einer anderen Person stehen.

Liebe ist nur
ein Gefühl
der Zusammengehörigkeit
und der Aufnahmebereitschaft
deines Herzens.

Eigentlich ist es so:
Liebst du jemanden,
so bedeutet es:
Er oder sie
bringt dich in Kontakt
mit einem Teil von dir,
den du in dir selbst liebst.

Im Gegensatz dazu
kannst du feststellen:
Lehnst du jemanden ab,
so tut diese Person lediglich
das, was du in dir selbst
streng ablehnst!

Die Welt ist dein Spiegel ...

Liebe ist ein Gefühl der Nähe,
der Wärme,
des Verstehens,
des Zusammenseins –
des Einsseins.

Liebe ist nicht abhängig
von den Ereignissen
in deinem Leben.

Liebe ist vielmehr
das, was in deinem Herzen
vorgeht.

Die meisten Menschen
haben wenig Geschick im Lieben.

Sie tun sich schwer,
sich und andere zu lieben.

Sie meinen,
wenn sie jemanden lieben,
müßten sie alles gut finden,
was diese Person sagt oder tut.

Sie glauben,
sie seien verpflichtet,
etwas zu tun.

Sie glauben,
daß du jemandem,
den du liebst,
nie nein sagen kannst.

Als geschickte Liebende
kannst du dir selbst –
und anderen –
sagen:

»Ob mir gefällt,
was du sagst oder tust,
hat keinen Einfluß darauf,
ob ich dich liebe
oder nicht.«

»Ich brauche
deine Handlungen
nicht zu lieben –
DICH LIEBE ICH.«

Je nach dem Grad,
zu dem du deine Liebe
mit Bedingungen verknüpfst,
liebst du nicht wirklich.

Mit anderen Worten
geht es darum:
Liebe jeden bedingungslos –
auch dich.

Vergiß nie,
daß Liebe ein Gefühl
des Herzens ist –
und nicht das,
was du tust oder sagst,
obwohl dein liebevolles Gefühl
unbedingt eine Wirkung
auf viele deiner Handlungen
haben wird.

Wenn du es genau betrachtest.

Du liebst
einen Menschen,
weil es ihn gibt.

Das ist der
einzige Grund.

Du liebst niemanden,
weil er verzweifelt
nach deiner Liebe verlangt.

Du liebst Leute nicht,
weil sie es brauchen.

Du liebst keinen Menschen,
weil er es verdient hat.

Du liebst Menschen nicht,
weil du erreichen willst,
daß sie dich lieben.

(Manche werden es sich nicht erlauben,
dich zu lieben.)

Du liebst sie einfach –
weil sie da sind!

Erkenne, daß Liebe
als Tausch oder Handel
nicht funktioniert.

»Ich liebe dich, wenn du mich liebst«,
ist meistens unwirksam.

Hier siehst du, was funktioniert,
um dein Glück zu vergrößern:

»Ich werde dich lieben,
was immer du sagst oder tust.«

»Ich werde dich immer lieben.«

»Keine Bedingungen ...«

»Kein Handel.«

»Kein Tausch.«

»Keine Buchführung.«

»Meine Liebe ist,
einfach –
weil wir hier sind.«

»Es kann sein,
daß ich manchmal
nicht mit dir
zusammensein will,
weil mir die Rollen,
die du in diesem Melodrama
Leben spielst,
nicht gefallen.

Aber ich werde dich immer lieben.

Ich werde immer
dieses Herz-zu-Herz-Gefühl haben,
das sich einstellt,
wenn ich an dich denke.«

Wie steigerst du
deine Liebe zu Menschen?

Umarme sie öfter,
oder schau ihnen
tiefer in die Augen,
um dich selbst zu öffnen
und den Menschen zu erfahren,
der da ist –
der auch nur
geschickt oder ungeschickt
versucht, sein Leben
etwas besser zu gestalten.

Teile deine innersten Gedanken
mit anderen.

Erlebe alles,
was jemand tut oder sagt,
als hättest du es getan oder gesagt.

Leiste fürsorgliche Hilfe.

Um tiefer zu lieben,
öffne die Augen, sieh und genieße
die Schönheit, die du in deinem
eigenen Leben hast.

Werde dir bewußter
(vielleicht indem du's aufschreibst),
was an dir und deiner Welt liebenswert ist.

Dies wird dich automatisch
dahin führen, daß du die
Schönheit und die Liebenswürdigkeit
der Menschen um dich herum erlebst.

Wenn du dein Herz öffnest,
zunächst vielleicht langsam,
wirst du bald erkennen,
daß die Menschen um dich herum
reagieren, indem sie dir
ihr Herz öffnen.

Und bevor du es begreifst,
verstärkt sich deine Liebe,
nicht als ein Wort oder
eine weitere Pflichtübung,
sondern als lebendiges Gefühl,
das du in deinem Herzen hervorrufst.

Um deine Liebe zu verstärken,
stell dir vor,
das Herz eines anderen Menschen
sei in deinem Herzen,
und beide schlügen
mit den gleichen Schwingungen.

Versetze dich in die Rolle
des oder der anderen,
damit du sie mit deinem Verstand
und deinem Herzen
begreifen kannst.

Das Begreifen mit dem Herzen
verleiht dir emotionalen Kontakt
zu der anderen Person.

Das Begreifen mit dem Verstand
bedeutet, daß du den Wert
der Lektionen, die das Leben
der anderen Person erteilt,
akzeptierst und würdigst.

Weisheit ist
die mitfühlende Mischung
aus Herz und Verstand.

Nun betrachten wir
den zweiten Teil des
dritten Rezeptes,
der besagt,
daß du deine Liebe
verstärken sollst,
»auch wenn du
nicht das erhältst,
was du haben willst«.

Du brauchst dieses Rezept
zur Stärkung deiner Liebe nicht,
wenn du das bekommst,
was du haben willst.

Es ist leicht zu lieben,
wenn die Sonne scheint
und deine Wünsche erfüllt werden!

Unter solchen Umständen
brauchst du auch dieses Buch nicht,
damit es dir sage, wie man glücklich wird.

Als geschickter Liebender
mußt du die Fähigkeit haben,
dein Herz einem anderen Menschen
gegenüber offenzuhalten –
egal, was gerade in dem Melodrama
deines Lebens passiert.

Du kannst jemanden
aus deinem Melodrama hinauswerfen.

ABER WIRF DIESEN MENSCHEN
NICHT AUS DEINEM HERZEN!

Um ein glückliches Leben
zu gestalten,
mußt du lernen,
deine Liebe zu verstärken,
auch wenn die Dinge NICHT
nach deinem Willen geschehen!

Du wirst dies üben müssen.
Es fällt niemandem leicht -
außer Hunden.

Hast du schon mal bemerkt,
wie oft ein Hund
mit dem Schwanz wedelt
und dich liebhat,
auch wenn du ihn nicht
überall mitnimmst
oder pünktlich fütterst?

Ein Hund hält nicht
mit seiner Liebe zurück,
um dich zu beherrschen.

Wenn du dir beibringen kannst,
deine Liebe so bedingungslos
zu geben, wie es die meisten
Hunde tun, dann
hast du es geschafft!

In Wirklichkeit weißt du das.

Du vergißt es nur immer wieder.

Christus sagte:
»Liebe deinen Nächsten.«

Liebe ist ein zentrales Thema
jeder Religion.

Unser Leben ist so aufgebaut,
daß wir einen Vorsprung
durch eine reichliche Dosis
bedingungsloser Mutterliebe
erhalten, wenn wir
auf die Welt kommen.

Dein Leben
kann erfolgreich,
begütert,
angesehen
und einflußreich sein.

Aber es wird nicht genügen.

Du wirst dein Potential
zum Glücklichsein nicht erreichen,
wenn du nicht
sehr viel Liebe zu dir selbst
und deinen Mitmenschen erlebst.

Liebe ist mächtiger
als aller Sprengstoff
der Welt.

Liebe kann Frieden schaffen –
Bomben werden es nicht.

Die Menschen tun Dinge
frei aus dem Herzen heraus,
die sie ohne ihre Liebe
nie tun würden;
ungeachtet jeder Bestechung
oder Bedrohung.

Alle Menschen
sind entweder nahe
oder ferne Verwandte.

Unsere Mensch-zu-Mensch-Liebe,
die uns alle Menschen als WIR
erfahren läßt, ist der einzige Weg
zu Frieden,
Harmonie,
Kooperation
und Erfüllung im Leben
für die Milliarden
Bewohner dieser Erde.

Wir könnten keine Kriege führen,
weder persönliche
noch internationale,
wenn wir mehr Liebe
in unserem Herzen hätten.

Es ist leicht,
die zu lieben,
die dich lieben.

Aber bist du geschickt genug,
die Liebe in deinem Herzen
lebendig zu halten,
auch wenn du glaubst,
daß dich andere
hassen oder auslachen,
dich herabsetzen,
sich weigern,
mit dir zusammenzusein,
oder versuchen, dir weh zu tun?

Wenn du eine hohe Ebene
der Fähigkeit entwickelst,
deine Liebe stark zu halten
(auch wenn du nicht das bekommst,
was du haben willst),
darfst du dich als Mitglied
des Vereins der Liebenden betrachten!

Zerbrich dir nicht den Kopf darüber,
ob andere dich lieben oder nicht.

Das ist deren Problem.

Während du immer geschickter
darin wirst, ein glückliches Leben
zu führen, wird deine EINZIGE
Überlegung sein, ob DU
andere Menschen liebst.

Du kannst lernen,
deine Liebe konstant
strahlen zu lassen –
ob sie zurückgestrahlt wird
oder nicht.

Du kannst das Leben immer
in einer schönen und freudigen Weise
erfahren, wenn du
deine eigene Liebe in dir
ständig leuchten läßt –
ganz gleich,
was andere sagen oder tun.

Also gehen wir aus uns heraus.

Wir können lernen,
unsere Liebe stark zu halten,
auch wenn wir nicht bekommen,
was wir wollen.

Wir können uns
von dem konfliktbetonten,
absondernden Selbstverständnis
trennen, das wir so tapfer
verteidigen.

Wir können uns
von unserer Meinung über uns selbst
lösen, so daß das schöne Geschöpf,
das wir tief innen sind,
herauskommen kann,
um mit den anderen
schönen Geschöpfen
um uns herum
zu spielen.

Wir müssen
unser Ego
und unseren Verstand
überzeugen, daß,
wenn wir glücklich
leben wollen,

Liebe
wichtiger
ist
als
alles
andere!

So, nun hast du
alle drei Rezepte zum Glück:

KEN KEYES
FACHARZT FÜR GLÜCKLICHSEIN

1.
FRAGE NACH DEM,
WAS DU HABEN WILLST,
ABER – VERLANGE ES NICHT.

2.
AKZEPTIERE, WAS AUCH IMMER
GESCHIEHT – FÜR JETZT.

3.
VERGRÖSSERE DEINE LIEBE –
AUCH WENN DU NICHT
DAS BEKOMMST,
WAS DU HABEN WILLST.

Es braucht Geschick
und Einsicht, diese
Rezepte zum Glück anzuwenden.

Es ist nicht so einfach
wie Pillen schlucken.

Du mußt an deinem Verlangen
arbeiten, deinem Ego,
deinem wählerischen Gedächtnis,
deinen geistigen Gewohnheiten
und deinen Illusionen
von deinem Stolz und Status.

Du wirst für den Rest deines Lebens
unter Anwendung dieser Rezepte
an dir arbeiten müssen.

Aber es ist dennoch wesentlich leichter
als die gesamte Misere und
das Unglücklichsein,
die du in Kauf nimmst,
wenn du die Rezepte zum Glück
ignorierst.

Es kann Monate oder
sogar Jahre dauern,
bis du das Geschick entwickelt hast,
diese Richtlinien anzuwenden.

Du mußt lernen,
sie in den schwierigen Lebens-
situationen anzuwenden,
denn das sind die Zeiten,
wo du sie am meisten brauchst.

Also versuche,
nicht entmutigt zu werden –
und um des Glückes willen:
Gib niemals auf!

Du wirst es wahrscheinlich
nicht schaffen,
die Rezepte vollkommen
anzuwenden.

Aber du bist doch nicht
süchtig danach,
deinen Vorstellungen
immer vollkommen
zu entsprechen,
oder?

Du mußt sie nicht perfekt anwenden.

Je mehr du von ihnen Gebrauch machst,
um so größer werden deine Vorteile sein.

Sei zufrieden mit mehr oder weniger –
statt allem oder nichts.

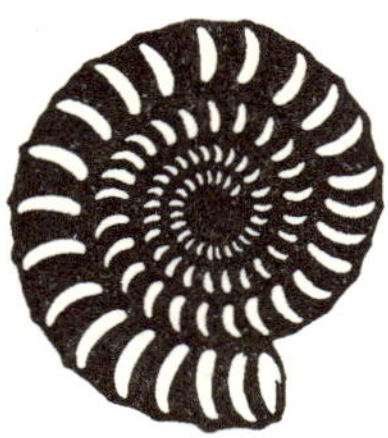

Also hast du es jetzt.

Es gibt nur
einen Menschen
auf der Welt,
der dich wirklich
glücklich machen kann.

Es gibt nur
einen Menschen
auf der Welt,
der dich wirklich
unglücklich machen kann.

Wie wäre es,
wenn du diesen Menschen
etwas besser
kennenlernen würdest?

Als Anfang
stell dich mal
vor den Spiegel,
lächle
und sag:
»Hallo.«
...

Und dann sage dir selbst,
daß du eine Weile lang
aufhören wirst,
so viel Energie
darin zu investieren,
die Menschen um dich herum
zu verändern.

So erfolgreich
war das ja nun
auch nicht, oder?

Statt dessen
wirst du deine Energie
in dir arbeiten lassen,
an deinem eigenen Verstand,
damit du fähig wirst,
diese Rezepte zum Glück
geschickt und wirksam
in deinem Alltag
anzuwenden.

Das Leben eilt an uns vorbei.

Zögere nicht.

Verschiebe es nicht.

Warte nicht, bis
du etwas Zeit übrig hast.

Warte nicht auf
den »richtigen« Moment.

Laß es dir nicht
von dem Verstand,
den du trainieren willst,
ausreden!

Dein Verstand
kann das nämlich
sehr gut.

Dein Verstand
wird eine Menge
Gründe erfinden,
diesen drei Rezepten
nicht zu folgen.

Sage deinem Verstand
immer wieder, daß
du entschlossen bist,
es zu tun!

Mach deinem Verstand klar,
daß du diese Dinge
in deinem Leben haben willst:

ENERGIE
EINSICHT
SENSIBILITÄT
LIEBE
SEELENFRIEDEN
FREUDE
WEISHEIT –
UND DAS GEFÜHL,
EIN SINNVOLLES LEBEN ZU FÜHREN.

Bitte deinen Verstand um Hilfe.

Immerhin ist er dein Freund.

Und wenn du fest entschlossen bist,
wird er dir geben,
was du haben willst.

Willst du
diese Rezepte
wirklich anwenden,
oder willst du es
lediglich wollen?

Warte nicht länger darauf,
daß die Menschen
um dich herum
dich glücklich machen.

Warte nicht darauf,
daß die Welt irgendwann
so genau in deine Vorstellungen paßt,
daß du die Erfahrung
von Frieden und Freude
schaffen kannst.

GLÜCKLICH WERDEN
HEISST: DO IT YOURSELF!

UND DIE ZEIT VERGEHT!

Mehr lieben und weniger verlangen

ist nicht nur
das Netteste,
was du dir selbst
antun kannst.

Es ist auch
das Liebevollste,
was du
der ganzen Welt
geben kannst.

Die drei Rezepte
sind eigentlich höchst ansteckend.

Je mehr du sie gebrauchst,
um so mehr werden sie
die Menschen in deinem Umkreis
anwenden –
auch wenn du ihnen
nichts von den Rezepten sagst.

Sie werden sie sich einfach aneignen.

Und die Kinder um dich herum
werden sie so automatisch
gebrauchen lernen,
wie sie ihre Sprache lernen.

Aber hierzu
ein Wort der Vorsicht:

Verlange nicht,
daß andere die Rezepte anwenden.

Eine solche Forderung
würde für dein Glück
nur abträglich sein
(obwohl du im Recht wärst!).

Laß sie
DURCH DEIN BEISPIEL
lernen, nicht durch
deine Belehrung.

Es kann nicht gelehrt werden,
sondern nur erfahren.

Die Auswirkungen
der angewandten Rezepte zum Glück
werden dir wie ein Wunder vorkommen –
und anderen wahrscheinlich auch.

Im Grunde genommen
sind Wunder alltägliche Ereignisse
für Menschen,
die diese Prinzipien
jeden Augenblick ihres Lebens
geschickt anwenden.

Letztlich ist doch
ein Wunder
etwas, das du gerne hättest,
aber nicht erwartest.

Die Ergebnisse,
die bei Anwendung
der Rezepte zum Glück
für dein Leben eintreten werden,
mögen dir
wie Wunder vorkommen,
weil du dich noch nie
der wirklichen Kraft der Liebe
geöffnet hast.

Liebe hilft uns,
die Dinge neu zu gestalten,
sie in Harmonie
und zur Ruhe
zu bringen,
ohne daß wir
uns gegenseitig
weh tun
oder gefährden.

Lerne die
Rezepte zum Glück
auswendig,
damit du sie zur Hand hast,
wenn du sie brauchst:

1. Frage nach dem, was du haben willst,
   aber – verlange es nicht.

2. Akzeptiere, was auch immer geschieht –
   für jetzt.

3. Vergrößere deine Liebe –
   auch wenn du nicht das bekommst,
   was du haben willst.

Laß dich nicht
ohne diese Rezepte
vom Leben überraschen.

Sie werden dir helfen,
das glücklichste Leben zu gestalten,
das du überhaupt haben kannst.

Und vergiß nicht,
du bist immer
schön,
fähig
und liebenswert,
auch wenn du
bei der Anwendung
der drei Rezepte zum Glück
nicht immer
erfolgreich bist.

Ich liebe dich,

Ken